Viaggi nella Memoria

Sergio Fumich

I SORTILEGI DI NONNA CATERINA

Briciole di credenze popolari
nel villaggio di Lukezi

Cà "La Gatera" Libri
LULU.COM

LULU.COM

www.lulu.com

ISBN 978-1-4092-1279-9

CÀ "LA GATERA" LIBRI
Brembio (LO)
2007

Collezione: *Viaggi nella Memoria*

Stampa e distribuzione: *Lulu Press Inc.*

Lukezi è un piccolo villaggio nei pressi di Pedena (Pićan) sulla strada che da Pisino (Pazin) porta a Fianona (Plomin).

Siamo nel centro dell'Istria, una terra povera e riarsa, sfruttata nei secoli dai tanti padroni che si sono succeduti nel possesso, i quali senza eccezione alcuna hanno sempre e solo cercato di ricavarne il massimo profitto possibile. Soltanto negli ultimi decenni le condizioni economiche di quelle popolazioni sono migliorate grazie ai riflessi della fiorente attività turistica sulla costa, ma il relativo benessere ha comportato inevitabilmente la perdita forse irrimediabile delle tradizioni e della storia delle comunità agricole di quei piccoli borghi e villaggi.

Ulteriori informazioni su Lukezi e i suoi abitanti si possono trovare nelle appendici.

Le tradizioni e le curiosità, i ricordi riuniti in queste pagine sono stati raccolti dalla viva voce di mia madre, Anna Luches, nata a Lukezi il 28 gennaio 1919 e morta a Trieste il 25 luglio 1996.

I brani riportati sono parte di una serie di articoli pubblicati dal quotidiano "Il Cittadino" di Lodi nel marzo-aprile 1991, e ripubblicati nella rivista di poesia "Keraunia" nel numero 16, giugno 1994.

Nonna Caterina aveva fama d'essere una maga, non solo nel piccolo *selo* di Lukezi, poche case di sasso e di calce cresciute attorno ad un primo insediamento le cui origini si perdono nella notte dei secoli, ma anche tra la gente dei dintorni. Venivano dai villaggi vicini a farsi curare persistenti mali di testa, a chiedere rimedi per il mal di denti, ascessi, per fastidiosi mali di gola ed i mille altri malanni che deliziano la quotidianità del vivere.

In quella terra povera e riarsa, dove la vigna e qualche *njiva*, lembi di terra coltivata strappata alla petraia, una mucca nella stalla, il maiale e qualche gallina erano il sostentamento d'una famiglia spesso numerosa; dove ancora ai tempi della mia infanzia le donne con la brenta sulle spalle s'avventuravano a piedi scalzi giù per un sentiero ripido e dirupato per raccogliere l'acqua che spillava da una sottile sorgente sulla costa del monte, e l'elettricità era stata portata da poco, davanti al fuoco nel buio delle cucine, con una *bukaleta* di vino che girava di mano in mano, fiorivano spontanee credenze e superstizioni, storie inverosimili di mirabilia e sortilegi. La religiosità popolare di quella gente, la mia gente, era tutta intrisa di pratiche magiche, tabù e prescrizioni ereditate dai genitori con la vigna e la casa.

Così, per dirne alcuna, guai a chi mangiava il prosciutto prima di Pasqua: poteva star certo costui che si sarebbe imbattuto spiacevolmente in una vipera. E *gat*, la vipera dal morso mortale, era vista come una creatura per quanto possibile da evitare: al ritorno dalla messa pasquale, quando ci si riuniva a tavola per la colazione con il cibo benedetto in chiesa, prosciutto, pancetta, uova sode, e pinza, il dolce di Pasqua, per prima cosa si mangiava dello scalogno per scongiurare il temuto incontro. Per lo stesso motivo si prescriveva di mangiare la "testa" della prima *sparuga* che si trovava, l'asparago selvatico con cui si facevano squisite frittate. Guai a chi saliva s'un albero il giorno di Corpus Domini o di San Pietro: sicuramente anche il più robusto ramo si sarebbe spezzato sotto il peso e la caduta resa inevitabile; guai a chi lavorava la terra il venerdì santo!

Si raccontavano storie terribili su chi aveva trasgredito al riposo festivo. Si diceva, ad esempio, d'una donna che faceva il pane di domenica, che la disgraziata, dopo aver provato e riprovato invano ad accendere il fuoco che non voleva prendere, alla fine alterandosi, si fosse lasciata andare a tirar moccoli restando paralizzata in volto; e d'un'altra giù in Valle, recatasi a lavare, l'incauta, il giorno di Corpus Domini, che, all'improvviso, i panni avessero preso fuoco e che da essi fosse sgorgato sangue.

Pericolosa cura della propria persona era per le donne il tagliarsi le unghie di venerdì: chi indulgeva a quella pratica, pensata forse troppo civettuola per la pietà del giorno, infallibilmente diventava *striga*, strega. E, a proposito di streghe, una superstiziosa diceria sconsigliava di andare a lavare i panni al torrente durante le tempora, perché in quei giorni, lì a lavare c'erano, per l'appunto, le streghe. Ed ancora, durante le tempora dopo l'Ave Maria, non si doveva uscire da casa, né, in casa, stare sotto la cappa del camino e guai a fischiettare: sarebbe stato come invitare *vrah*, il diavolo, a mostrarsi.

Il grande nemico era *grad*, la grandine, capace di arrecare danni irreparabili alle *brajde*, le vigne. Quando il cielo non lasciava presagire niente di buono, si andava presso la vigna e si facevano dei falò. Con gli sterpi e la ramaglia, dopo avervi collocato una candela benedetta il giorno della candelora, si bruciavano i fiori benedetti durante la processione del Corpus Domini, i rami di frassino usati quel giorno per ornare i muri al passaggio della processione, frasche di *pelin*, assenzio, e si spruzzava acqua benedetta. Il fumo denso che si levava dai falò contro le nuvole, avrebbe allontanato il pericolo della grandine.

Ma tornando a nonna Caterina, le malignità dei vicini insinuavano che le sue pratiche magiche non si limitassero agli scopi benefici della guaritrice, ma fosse solita ad usare sortilegi e stregonerie. Nei ricordi di mia madre, la diceria risaliva ai primi tempi dopo le nozze, quando era venuta a Lukezi sposa di mio nonno Zvane Lukes. In casa di mio nonno, allora, non si sfruttava il latte delle mucche come alimento, perché a nessuno piaceva. Così le mucche avevano latte soltanto finché allattavano i vitelli, poi non mungendole se non per quel pochissimo che di tanto in tanto serviva, lo perdevano. A nonna Caterina piaceva il formaggio ed il latte, e nel vedere tutta quella grazia di Dio andar sprecata, non poteva restar indifferente; così cominciò ad occuparsi della stalla e della vacca.

Cominciò a mungere la mucca mentre questa allattava il vitello, portandole via una buona parte del latte. Diceva che di latte le mucche ne hanno tanto e che ai vitelli non ne occorreva tutto perché poi cominciano anche ad andare al pascolo e a nutrirsi diversamente. E, dunque, ritornava sempre dalla stalla con grandi pignatte di latte.

Per rincasare dalla stalla si doveva girare attorno alla casa del vicino, non essendoci un passaggio diretto. Quell'inconsueto viavai di latte non poteva non essere notato dalla vecchia madre del vicino, come anche il fatto che il traffico di latte continuasse anche dopo la vendita del vitello. Non sapendosi spiegare la cosa, la vecchia cominciò a lamentarsi con gli altri che da quando quella donna era arrivata al villaggio loro erano rimasti senza latte, che aveva portato via il latte dalle loro mucche facendolo passare nella propria, che doveva saper fare sortilegi perché fino ad allora le mucche di Zvane Lukes non avevano mai avuto latte, ch'era già tanto se riuscivano a tirar su i vitelli, ed adesso dopo ch'era arrivata quella donna in quella casa, non facevano che portar pignatte di latte dalla stalla.

Ma con la grande guerra ormai e la fine dell'impero austroungarico, era tramontata un'epoca. Così i figli di nonna Caterina credevano poco alle sue pratiche magiche, anzi spesso la deridevano quando cedendo alle insistenze di qualcuno si lasciava convincere a tirare gli *uroki* o a fare qualche altro scongiuro. Finché, dunque, smise non tramandando ad altri il suo patrimonio di conoscenza empirica popolare. Nei ricordi di mia madre è rimasto frammentario questo rituale di scongiuro per il mal di testa: si prendeva una tazza d'acqua, in essa si dovevano gettare delle braci ardenti afferrate con le mani e sputare per terra dicendo una formula magica, come le altre perduta; poi bisognava far bere il paziente da tre punti diversi della tazza, quindi la maga prendeva le braci e sempre recitando formule magiche le scagliava oltre il paziente; infine con le dita bagnate in quell'acqua massaggiava la fronte e le tempie dolenti, poi vuotava l'acqua in un canto della casa. Se, nel gettare le braci nell'acqua della tazza, esse fossero rimaste a galla, allora si trattava di un normale mal di testa; altrimenti, se andavano cioè a fondo, era malocchio.

Nel mondo magico di Lukezi, ancora negli anni della mia infanzia, la notte arrivava densa di misteri. Una cappa buia avvolgeva il villaggio, il vicino bosco e la campagna, mostrando alla luce delle stelle d'ogni cosa aspetti inconsueti, forme notturne non ravvisabili di giorno.

Lo scuro fitto delle notti nuvolose, mai più ritrovato dopo altrove, o lo splendore incantato dei pleniluni, dove le ombre assumevano spessore densità presenza vita, erano il fondale perfetto per le mille storie straordinarie ed inverosimili che si raccontavano vicino al fuoco, in quelle lunghe sere senza radio e televisione, o libri, se non qualche Vita dei Santi illustrata da immagini di dannazione, più spaventose di quella bambagia nero-seppia in agguato fuori dalla porta.

Nessuna meraviglia, dunque, che a guardarsi in uno specchio in quelle notti lontane, si vedesse il diavolo, o dormendo con il viso rivolto alla luna si diventasse sonnambuli, o, ancora, costretti per qualche ragione a star fuori casa, camminando per quelle strade o sentieri ci s'imbattesse talvolta in streghe od altre creature maliarde, com'era successo ad un mio prozio, recatosi con altri due amici per la leva a Pisino. A piedi naturalmente, perché il cavallo di San Francesco allora era il mezzo più usato, quando non l'unico, per spostarsi in quelle terre. Il racconto di mia madre sull'accaduto è scarno ed irriverente: *"I gaverà bevù un bicèr de più per festegiar la leva"*, e ancora sempre in triestino, ma senza mezzi termini, *"I iera de sicuro inbriaghi"*. Comunque, il fatto capitò di notte al ritorno, poco fuori Pisino dove, dopo un moderato salire, la strada s'adagia s'un pianoro. Lì, i tre malcapitati incontrarono tre streghe che si misero a ballare con loro. E balla, balla, balla, non smettevano mai e non li lasciavano proseguir la strada. Ed oltre alla beffa, in quella notte da discoteca, il danno: i tre portavano con sé gli ombrelli, che più dopo, finita la buriana, non furono capaci di ritrovare. Le tre malefiche streghe ne avevano fatto, evidentemente, il bottino di quella notte. Mia madre assicura che al loro racconto, una volta a casa, credevano tutti, senza un solo dubbio. E del resto tutto era possibile per chi sapeva di poter parlare con gli animali recandosi nella stalla la notte di

San Giovanni.

La notte era il regno della *morà*. La *morà* era una strega, una strega particolare che tormentava di notte le sue vittime prescelte. Che non fosse una fola, che questa creatura notturna, che terrorizzava la contrada, esistesse veramente, lo testimoniava il racconto di uno - non si sa dove, non si sa quando, - ch'era riuscito a farla prigioniera chiudendola in una cassapanca. Determinante per il buon esito della cattura fu il fatto che la cassapanca non avesse fori o aperture, neppure una serratura per bloccare il coperchio, perché la *morà* era abilissima nel passare attraverso il più piccolo pertugio. Dicevano anzi, che solitamente entrasse in casa proprio per il buco della serratura. Dentro la cassapanca la *morà* piangeva immensamente e supplicava l'uomo che l'aveva imprigionata. Supplicava che aprisse, che la lasciasse andare perché il giorno dopo doveva sposarsi e non poteva assolutamente mancare. L'uomo, cuore tenero, alla fine cedette e la lasciò libera.

Lo zio Joze era molestato la notte in continuazione dalla *morà*. Nel vicinato correva voce che fosse la Pierina: dicevano che la Pierina era una strega, e poiché non nascondeva il desiderio di volerlo sposare, di notte andasse a tormentarlo perché si decidesse. Zio Joze raccontava d'esser una notte riuscito ad afferrarla e, scagliatala per terra, d'averne sentito il tonfo come fosse stato un piccolo sorcio.

Un'altra vittima era l'Ana dei Znjider, madre d'un'amica di mia madre. Si lamentava che la *morà* venisse di notte mentre dormiva a succhiarle i calcagni, e che li avesse ben ben rovinati era visibile a tutti in un tempo in cui si andava scalzi.

Per porre un rimedio alla persecuzione della *morà*, gli sventurati si rivolgevano al prete perché desse loro qualcosa di benedetto che tenesse lontano un tal castigo di Dio. E nella sua infinita pazienza il prete dava loro un pezzetto di un vecchio paramento, che veniva tagliato poi in frammenti ancor più piccoli da portare sempre indosso, o qualche altra cosa del genere. Perché, una volta che ci si fosse messo addosso qualcosa di benedetto, la *morà* non si sarebbe fatta più vedere.

Anche il maggiore dei miei fratelli, oggi stimato professore di greco in un liceo triestino, fu a detta dei parenti una sua vittima. Neonato a Lukezi, aveva, cosa non rara, un seno gonfio, e tutti a dire ch'era la *morà* che veniva di notte a succhiargli il seno. La nonna o forse qualcun altro dei parenti andò subito dalla Mariolinka, una donna che s'intendeva di tali faccende; e con questa poi dal Ciapusei, il sagrestano, perché procurasse qualcosa di benedetto da mettere attorno al collo del bambino. Il rimedio sembrò servire, perché il gonfiore di lì a poco sparì.

Non c'era persona che a quel tempo non avesse sperimentato le molestie della *morà*. Quando l'incubo cessava, la bestemmiavano e la vituperavano a più non posso, e lei lì sulla porta a farsi beffe di loro prima di sparire nell'oscurità della notte.

Ma la notte non aveva soltanto un aspetto terrificante; le giovinette, se volevano, potevano usare le notti di luna piena per fare romantici sogni sul proprio destino di donna. Guardando la luna ci si poteva procurare una piacevole notte dicendo *"Luna lunare fammi sognare chi devo sposare"*. Chissà quante volte la luna, oltre ad essere compiacente, sarà stata anche bugiarda, a fin di bene naturalmente. La filastrocca è in lingua italiana, e risale dunque agli anni dell'occupazione italiana di quelle terre dopo il crollo dell'impero austroungarico, magari portata da qualcuna di quelle eroiche maestrine siciliane mandate ad insegnare la lingua di Dante a quella gente che parlava un dialetto croato misto di sloveno, tedesco e veneto.

Era usanza a Lukezi di vestire il bambino maschio appena nato, prima ancora di pulirlo, con i calzoni del padre. Si voleva così, con questo gesto rituale, trasmettere al figlio, capofamiglia lui pure un giorno, l'autorità del maschio su cui si fondava ancora nel secondo decennio del secolo quella società agricola e patriarcale. Ma la vita nei primi mesi, nonostante questo dovuto atto di benvenuto in seno alla famiglia, non doveva essere un gran che per i bambini d'allora.

Venivano fasciati strettissimamente in tutto il corpo, particolarmente le gambe perché non avessero dopo da svilupparsi storte. Solo la testa, ovviamente, non subiva quella sorta di mummificazione. E fino a sei mesi stavano nella cuna tutto il giorno. Le madri, impegnate nel duro lavoro in campagna, evitavano di levarli su dal lettino, perché non si viziassero a stare alzati; anche quando era il momento di nutrirli, allattavano i figli chinandosi sulla cuna. Alimentavano il bambino col proprio latte fintantoché non restavano nuovamente incinte: Gli ultimi figli venivano così allattati talvolta fino ai quattro, cinque anni. La cuna faceva da giaciglio all'ultimo nato finché non arrivava un nuovo fratellino.

Per svezzare un bambino si usava far arrostire una mela e, dopo averla bagnata nel vino, farla mangiare al bambino col cucchiaio. In una terra dove la vigna e i suoi frutti erano la risorsa più grande, il rituale ingenuamente si proponeva di favorire nell'uomo di domani l'amore per il vino, perché solo chi ama il prodotto del suo lavoro ama il lavoro.

Un bambino particolarmente bello suscita sempre manifestazioni di stupore ed ammirazione, ed attira gli "Oh, che bel bambino!" ed i complimenti delle altre persone. Come sorta di scongiuro contro l'invidia altrui il genitore o l'altro parente che badava al piccolo, diceva tra sé un *"drek ti pod nos"*, che è un augurare all'altro - mi si risparmi la traduzione letterale, - di avere sotto il naso una puzza, di cosa ben s'immagina, non certo piacevole.

Poverini, poi quei bambini che soffrivano per i vermi parassiti nell'intestino. L'aglio era anche a Lukezi il rimedio principe.

Con uno spicchio schiacciato venivano sfregate le labbra per far sì che il sugo venisse assorbito dal bambino. Poi con altri spicchi e dello spago si faceva una collana che era messa al collo del bimbetto, costretto a portarla dovunque per tutto il giorno.

Della mancanza di un dottore in luogo, a farne le spese erano soprattutto i bambini. Per trovarne uno, bisognava recarsi fino a Pisino, un tragitto, più o meno come Brembio-Lodi, accidentato, che non era poca cosa a farlo a piedi o anche con un carro - chi l'aveva - tirato da buoi sottratti al lavoro della campagna; e poi costava, ed inevitabilmente chi non aveva da scialare per un tale "lusso" - cioè tutti o poco meno, - si arrangiava con l'esperienza secolare consolidata ed arricchita da generazioni di dignitosa povertà.

Fu così che la fatalità d'una banale caduta, determinò la morte di un fratellino di mia madre. Il bambino, aveva due anni, era affezionatissimo a mia zia Amalia, allora ragazzina di 13-14 anni; e s'era abituato ad andarle incontro all'ora in cui tornava a casa dopo aver pascolato la pecora. M'ha sempre incuriosito come facesse quel bambino di due anni a stabilire ch'era il momento del rientro della sorella, ma il cercar di ricavare da lontanissimi ricordi, per di più d'infanzia, un simile dettaglio sarebbe stato pretesa maniacale. Sta di fatto che puntualmente s'incamminava incontro alla sorella sulla strada del pascolo, chiamandola "Ama, Ama", come un bambino può fare, e di lì a poco era di ritorno con la zia Amalia e la pecora. Lungo il percorso, nei pressi della casa d'una cugina spuntava dal terreno una pietra aguzza, cosa di poco conto, anche se nel bel mezzo d'un passaggio, in un luogo dove anche la poca terra coltivata è strappata alla petraia. Quel giorno fatale, forse vedendo la sorella già poco distante, s'era messo a correrle incontro, azione ben pericolosa su quel viottolo ricavato nel sasso, levigato per secoli dal passare e ripassare di zoccoli. Nella corsa incespicò e disgrazia volle che cadendo picchiasse la fronte contro quello spuntone maledetto di roccia affiorante. La ferita era profonda e usciva molto sangue. Il nonno di mia madre, togliendosi quel berrettino, fatto in casa, a forma d'un basso cilindro che allora s'usava e si ereditava di padre in figlio, ordinò senza discussioni di chiudere la ferita con la sua lana. L'emorragia si fermò ma al bambino venne il tetano. Otto giorni dopo cominciò a stare male; anche se ormai non sarebbe servito a nulla, nessuno pensò di chiamare un medico, era troppo lontano sia da quei luoghi sia dai pensieri della povera gente.

Se il medico era un lusso impossibile, il dentista neppure un sogno. Così ci si arrangiava come si sapeva. Per preservarsi dal mal di denti, andavano a sentir messa il giorno di Santa Apollonia in una chiesetta di campagna a Galignana. Dopo il sacro ufficio, ognuno tirava coi denti la fune della campana. Quando poi, nonostante tutto, il mal di denti arrivava, per scongiurare il formarsi d'un ascesso portavano in tasca cinque grani di sale, cinque chicchi di grano ed un mazzetto d'assenzio; era questo il rimedio diffuso, capace di neutralizzare l'ascesso che altrimenti si sarebbe formato pestando sfortunatamente un'orma, *slet*, tanto particolare quanto misteriosa, forse di strega forse di qualche bestia malefica. Il disgraziato, infine, che si ritrovava poi con un ascesso in bocca usava come rimedio l'assenzio, pianta che bruciando produce molto fumo. Il malato, messa sul fuoco la ramaglia, immergeva la testa nella colonna di fumo tenendo aperta la bocca.

Appendice A

Prendendo come riferimento temporale l'ottobre 1935, periodo in cui Anna Luches si trasferisce dalla sorella a Trieste, il villaggio di Lukezi era costituito da 12 case, in cui vivevano 12 famiglie. A queste si devono aggiungere, al di fuori del perimetro del villaggio, altre 2 case dove vivevano altre 2 famiglie. In totale Lukezi contava 91 abitanti, di cui 77 residenti nel villaggio e 14 fuori.

L'edificio più vecchio era la casa di Lukež Šime, mentre la casa di Lukež Jure è monumento storico.

La nonna di Anna Luches, Mariana Premio, nata a Trieste, diceva che Lukezi era stato formato da una prima famiglia venuta dal Friuli, forse dalla Carnia. L'indicazione approssimativa potrebbe riferirsi alla Carniola, origine che spiegherebbe la marcata influenza della lingua slovena nel dialetto di Lukezi.

A rafforzamento dell'ipotesi friulana si diceva che in casa di Lukež Jure ci fosse un baule pieno di cucchiai di legno e che anche Jure (morto a 93 anni) facesse cucchiai di legno, arte questa attribuita alle popolazioni friulane, in quanto gli occasionali venditori ambulanti di quel genere d'attrezzi, passati per Lukezi, erano sempre stati originari del Friuli.

Le 14 famiglie di Lukezi erano proprietarie della terra che coltivavano.

Lukezi distava 1 km da Pedena, 4 km da Galignana, 11 km da Pisino, distanze misurate lungo la strada a fondo naturale che collegava i luoghi (la strada è stata ridisegnata e asfaltata in tempi recenti).

Avvertenza sulla grafia dei cognomi e dei nomi

A seguito del regio decreto del 1928 sulla italianizzazione dei cognomi, muta la grafia originaria croata dei cognomi, spesso a capriccio del funzionario preposto all'esecuzione della disposizione normativa. Così avviene per i cognomi degli abitanti di Lukezi, la cui grafia croata tra l'altro era in molti casi non conforme all'esatta dizione della parlata locale.

Lukež diventa Luches (risultando esatta traslitterazione di Lukes, come il cognome veniva pronunciato nella parlata locale), Lùchesi, Lucchesi. Jakačić, il cognome di mia nonna Katarina, diventa prima Giacassi, poi Iacacich.

Nelle annotazioni relative alle singole famiglie si riporta sempre la grafia croata, affiancata, dove possibile, dalla grafia italianizzata. Nel dialetto di Lukezi, le vocali *a, e* (sempre semilarga), *i, o* (sempre semilarga), *u* si pronunciano come nel dialetto veneto-istriano dell'interno. In più ci sono tre suoni vocalici che nel seguito denoto con *â, ê, ô*::

â rappresenta una *a* seguita da una *o* semimuta;

ê rappresenta la vocale dello slavo antico chiamata "jat", approssimativamente corrispondente ad una *e* preceduta da una *i* semimuta;

ô rappresenta una *o* preceduta da una *u* semimuta.

Le famiglie

Gržinić Franjo detto Franić
soprannome: Strcalj
moglie: Lukež Marija (Maríca)
casa: in Lukezi
figli in casa: Paulín, Jósipa (Pepa), Anton (Tône), Attilio, Luigi (Loizić), Jakov (Jakof) *(moglie*: Starčić Marija, *soprannome della moglie*: Rimânka, *figli in casa*: Lidia, Angelina).

Jakačić Katarina (it. Iacacich)
vedova di Lukež Ivan

soprannome: Mêdigovica
casa: in Lukezi
figli in casa: Lukež Ana (Anica), Lukež Viktor, Lukež Alexander (Lisandro), Lukež Vincenzo (Vinko)
altri parenti: Lukež Josip (Jôze, Jozić) cognato.

Lukež Anton, detto Tône
soprannome: Sarankôn
moglie: (?) Marija
soprannome della moglie: Catkaríca
casa: in Lukezi
figli in casa: Anton (Tône) (*moglie*: Stanisić Marija [it. Stanisich], *figli in casa*: Daniele).

Lukež Anton, detto Tônica
moglie: Uljar(?) Marija
casa: in Lukezi
figli in casa: Loizić, Jakomina, Anton (Tône), Ive, Renato.

Lukež Antonia, detta Tunina
soprannome: Hâjnozíca
casa: in Lukezi
figli in casa: Smoković Quirino, detto Rino.

Lukež Josip detto Jôze
soprannome: Komesâr
moglie: (?) Marica, originaria di Cátkari
soprannome della moglie: Komesaríca
casa: in Lukezi
figli in casa: Anton (Tône) (*moglie*: Lukež Antonia [Tunina] [figlia di Lukež Jure "Znjidar"], *figli in casa*: Vera, Ljubo, Marija).

Lukež Josip detto Jôze
soprannome: Bonsinjor
moglie: (?) Franica
soprannome della moglie: Bonsinjorka
casa: in Lukezi

figli in casa: Ana (*marito*: Siról Anton [Tône, *soprannome*: Skopljánac], *figli in casa*: Evelina, Davíde, Silvana).

Lukež Josip detto Jôzíć
soprannome: Béninkin
moglie: Vretenar Marija
soprannome della moglie: Vretenaríca
casa: in Lukezi
figli in casa: Ivan (Zvane), Antonia (Tunina), Josip (Pepo), Rozina, Kate, Ljuba, Ivâna.

Lukež Josip detto Jôze
figlio di Margareta Starčić
soprannome: Fornâzar; *la famiglia*: Sfornâzi
moglie: Lukež Marija, figlia di Lukež Jure "Znjidar"
casa: fuori Lukezi
figli in casa: Josip (Pepo), Rudolf (Rudi), Vladimir (Miro), Marija, Dánica, Ecio.

Lukež Jure
soprannome: Znjidar
morto a 93 anni
casa: in Lukezi
figli in casa: Ivan (Zvane) (*moglie*: Lukež Ana [figlia di Lukež Anton "Sarankôn"], *figli in casa*: Ljuba, Marija).

Lukež Šime
soprannome: Kaligâr
casa: in Lukezi
figli in casa: Pierina.

Načinović Josip detto Sipe (it. Nacinovich)
soprannome della famiglia: Súmberci
moglie: Lukež Marija (Maríca)
casa: in Lukezi
figli in casa: Milena, Josip (Pepo), Marija, Giovanni (Zvane).

Polanović Johan detto Ivan

cittadino jugoslavo di Zagabria. Fu internato in Calabria all'inizio della seconda guerra mondiale.

moglie: Lukež Marija, figlia di Lukež Josip "Bonsinjor"

casa: fuori Lukezi

figli in casa: Milan, Karmelina, Dragica, Vladimir (Vlado).

Starčić Margareta

soprannome della famiglia: Margareti

casa: in Lukezi

figli in casa: Lukež Ivan (Zvane) (*moglie*: Lukež Katarina [Kate], sorella di Lukež Ivan marito di Jakačić Katarina, *figli in casa*: Tereza, Franjo, Kasimir [Miro], Josip [Pepo], Virginia [Gina], Marija), Jakov.

Pianterreno.

Cucina - Una finestra e la porta per entrare dall'esterno, pavimento di terra battuta. Il focolare con panche attorno e due rientranze nel muro per tenere i piatti, la cappa dove si tenevano le scodelle e gli altri oggetti della cucina. Una tavola, sedie e credenza.

Cantina - Senza finestre. Botti e altri arnesi d'uso agricolo, un mulino a mano per la farina da polenta.

Primo piano.

Si accedeva attraverso una scala esterna, dopodiché si entrava in una stanza dove c'erano un letto a una piazza e mezza ed un letto per bambini su cavalletto, una finestra con tendine, due grandi cassapanche, una per i vestiti e una per le coperte, ed una cassapanca per i generi alimentari. Da questa stanza si passava in una seconda stanza, dove c'erano due finestre con tendine, un letto a una piazza e mezza, un cassettone, due sedie e una piccola tavola. Sulle pareti di entrambe le stanze i quadri dei santi ed un gran numero di quadretti con fotografie di parenti. I pavimenti erano di legno (tavole) ed i soffitti di travi o rivestiti. Infine vi era una porta da cui si passava sopra la stalla (all'interno) che era dietro la casa.

Appendice B

ESCLAMAZIONI, PROVERBI, FILASTROCCHE

Esclamazioni

Da biga strêla ubila!, che il fulmine lo ammazzasse!

Zala bôl da biga pujela!, che una malattia se lo mangiasse!

Hoi s fragun!, va col diavolo!

Ioh me ne! tuzna ja vela sirota!, ahimè!, povera me, disgraziata!

Proverbi

Sfeti Valentin va saken hustu pir, San Valentino in ogni cespuglio le nozze.

Sfeta Foska snegon ploska, Santa Fosca molta neve.

Bura puse juh supe, brizan (tuzan) Petar kamo će, la bora soffia lo scirocco fischia, povero Pietro dove andrà.

Filastrocche

1. [per la conta]

Ai bai tubestai
kje mje companjie
simiraki tikitaki
ai bai buf.

2. [per la conta]

Angoli bangoli
contrabangoli
dela re
che si nove
venti tre
tre limoni
tre narance
spol portare

speziaria
bigoli bigoli
scampa via.

3. [porcospino senza pantaloni]

Jes pres bragjes,
kamo grês?
Uzenit se grên.
Uzenise zâme.
Pukâzimi zubi.
Nêću te ja nêću,
imas veli zubi,
bis mi sfe pujela!

[*Traduzione*: Porcospino senza pantaloni, dove vai? Vado a sposarmi. Sposati con me. Mostrami i denti. Non ti voglio, non ti voglio, hai grandi denti, mi mangeresti tutto!]

Appendice C

TESTI POETICI ISPIRATI DAI RICORDI DI LUKEZI

Ripropongo qui tre mie poesie, ispirate dai ricordi di Lukezi, che ho raccolto nel libro *La terra del vento* (Cultura Duemila, Ragusa 1991).

IL VECCHIO

Gli occhi del vecchio che han visto di cose,
se pure dicono solo dei campi,
e della casa, e di qualche mercato
giù in Valle oppure a Pisino, sorridono
alle capriole del bimbo nel prato,
dove la giovane moglie del figlio,
cavando il fieno dal carro, con rapidi
gesti sicuri dà forma al pagliaio.
D'intorno, la campagna lavorata
a fatica s'accende d'improvvisi
bagliori alla carezza impercettibile
della brezza leggera che si leva
dalla pianura assolata e fumigante,
dove c'è l'acqua e seminare costa
meno sudore ma l'aria è malsana.
Seduto, all'ombra dell'antico noce,
sulla panca di pietra che ora è tutto
il suo mondo, socchiude gli occhi il vecchio
ritrovando il bambino che scappava
davanti ad una vacca, e giù tirava
le mele dai rami a colpi di sasso;
e dolcemente, sereno s'appisola
nel silenzio che avvolge quella terra
istriana riarsa nei caldi meriggi.

MOJA ZEMLJA

I

Ho saputo all'odore la terra
dei padri.

Terra graffiata a fatica là dove
il sasso concede.

Rifugio di vipere, casa
di ginepri.

II

Ho mangiato il pane scuro
dell'infanzia.

Pane soffice e ruvido come
spugna marina.

Ho bevuto il vino, forte,
nero come la zolla.

Sudore e sangue della mia gente.

Ho ascoltato le storie di sempre
nel buio delle cucine.

Storie di paure lasciate dai vecchi
con la vigna e la casa.

III

Ho pestato la terra
nei caldi meriggi.

Dietro alle ruote dei carri, nel solco,
un piede dopo l'altro.

Ritrovando il bambino che seguiva
la nonna nei campi.

Ho cercato i miei morti.

IV

La luna mi ha colto
di sorpresa.

Prima languida, filtrando
nelle fessure.

Piena, poi, sole riflesso,
nell'aria dell'orto.

La luna dei padri, potente,
mana, segno di antiche certezze.

L'ho seguita fin dietro i pagliai,
dove l'ombra è più netta

e il profumo del fieno recente
ti scalda.

L'ho seguita contando i pensieri
nella mia timidezza di sempre.

La Piera dai lisci capelli
color della cenere,

Vestita di nero
strega per scelta di tutti,

Davanti alla casa di pietra
vecchia di secoli sta.

Nell'ombra della pergola, ricama
motivi appresi col latte materno.

INDICE